Amusement Park

```
P J R Z N N X B M R W O N H F
O W O J U P R T A R I O A U N
P N L S R A C R E P M U B E F
C T L E H P I W S K N K R D C
O E E Y D D A K C T C D H O G
R L R A E I C R E N L I R O L
N G C S C A L D A I U N T O Y
E A O P N U H S H D D X R Z L
B M A S R O P C R O E P V G I
T E S G U E S G E E T M N M
M S T S P R I Z E S T Q U I A
P Q E D U N K T A N K A U T F
M I R J I S G N I W S C W T X
Q Q Y K C O O K E Z A M Y E Y
A P S R S C Z U Z R G D O P H
```

BUMPER CARS   FUN   PETTING ZOO   SNACKS
CHILDREN   GAMES   POPCORN   SWINGS
CORN DOG   HAUNTEDHOUSE   PRIZES   TEA CUPS
DUNK TANK   MAZE   RIDES   TICKET
FAMILY   PARADE   ROLLERCOASTER   WATER SLIDE

Let's Review Colors

```
Y Y S M I Z Z A Z R E D C O A
O V P Z D W V I O L E T G U Q
L N A K E O T Y K S E R Q A J
N T N N M L N E V C E A E K B
O F H Y J L S L T E Z G C L T
A J Y M M E H I N I N J G A U
W I Z D N Y V B L A H R M E I
E T E M W R A T R V A W A T V
D L O G O U Q O H Y E H R E Y
E V P N R B J A A W S R O R P
K C A L B O L I V E J F O B I
C N D J R E O U K P T V N E N
V S K P L U I L E D I H W Y K
O T R D A C P N G E H D D M V
K O Q H L O R O A B T T I V T
```

AQUA	GRAY	OLIVE	SILVER
BLACK	GREEN	ORANGE	TEAL
BLUE	IVORY	PINK	VIOLET
BROWN	MAROON	PURLPLE	WHITE
GOLD	NAVY	RED	YELLOW

At the Movie Theater

```
Y C Q G J P L A C T O R E I I
Q D A D A R G G I P B E C P M
B O N S J E K Q T A Z C N G Y
H A O A H V N X I E N A E L Q
O F K C C I F M R D C O I D H
O D F V V E E V C T T M D E H
H H I C J W O R R S A W U I O
F R I E N D S E B F N P A V A
T E K C I T S N S A C A K O Y
C G B Z E S R A C Y B F C M E
O Z Q I F O S T M U Q C J K I
M C U Y C U I C G E X U F L S
E Q B P O O N N Z M N P W U P
D P O Y N S C R E E N I K H Z
Y P I U R O R R O H B N C Q N
```

ACTION	CASHIER	FRIENDS	PREVIEW
ACTOR	CINEMA	FUN	QUIET
ACTRESS	COMEDY	HORROR	SCREEN
AUDIENCE	CRITIC	MOVIE	SNACKS
CANDY	FAMILY	POPCORN	TICKET

Let's Review Shapes

```
F P D K D C Y P W E N Q T T F
Q T E E I W E F L P O F L R V
A M Z R C N O C T A G O N A D
L G C S T A R C F L A C T E X
G L H A U I G O N D X U R H P
E C G D C T R O V Z E B I W P
Z O C I D K R T N D H E A A N
N W M R E C T A N G L E N Q O
U E R A U Q S O P E N R G G N
S Z I P Z P M E Z E C B L M A
U X F J E A N E R S Z S E J G
R E D N I L Y C S E O O E T O
P U B D I F K O L S H V I R N
J B M A M W R V A S R P A D C
Y B R Z O C X K A Z G O S L D
```

CIRCLE	DECAGON	OCTAGON	SPHERE
CRESCENT	DIAMOND	OVAL	SQUARE
CROSS	HEART	PENTAGON	STAR
CUBE	HEXAGON	RECTANGLE	TRAPEZOID
CYLINDER	NONAGON	SEMICIRCLE	TRIANGLE

In the Fall

```
G N F O I E T T S S S L R T F
H M Y E V A J G S R Q O F O R
T E N O C E N I P E T U O E T
L E A V E S W F N C V T A S J
T L C U Z E V A A R B R O S R
U P A R S G H R G A O R A I H
R P N T C R T C L O F C T H J
K A D S A N G L F G N C A L E
E H Y K R I T X E X H T W R G
Y A E H E K R E D I P S C G N
N J W X C P B B L Z B I Y I H
Z G W I R M C L T S H U X R O
C U C I O U Y C H N T U O K T
N M N V W P C I D E R A B V C
O M R A F X M U W Y K Y B W X
```

ACORN	CIDER	LEAVES	SPIDER
APPLE	FARM	PINE CONE	SQUASH
BATS	FOOTBALL	PUMPKIN	TRACTOR
CANDY	FROST	RAKE	TURKEY
CHILLY	HARVEST	SCARECROW	WAGON

Let's Visit the Zoo

```
Y P G F X Q R S S F Q P N Q M
T Z O X K G W L O L D A O I F
K A N G A R O O R A R G S W O
A V K N H Z J T E M A I I I L
T N O R E M G H C I P D B L T
Z I T B E I E G O N O F N N U
L O R E R E O U N G E Q A A A
T A T A L H M S I O L H O K P
J I F W T O F C H L P B E A R
N F G R B S P R R E T R B F N
E I A E E O S E L M O N K E Y
N W P S R N R E A L L I R O G
T S D G A H P F I Y Z L W X S
R F V G N K H B V S Y O F C O
S X P O P X C R U M E L S E E
```

ANTELOPE	GIRAFFE	LION	RHINOCEROS
BEAR	GORILLA	MEERKAT	SLOTH
BISON	KANGAROO	MONKEY	TIGER
ELEPHANT	LEMUR	OWL	WARTHOG
FLAMINGO	LEOPARD	PANDA	ZEBRA

Winter Time Fun

```
Z T I S W D A F O T P W S I D
A I K S W S R Y Z F H N Z C P
O U S G V E R A F Y E M P I F
C S X U E F A I Z T F U C C Z
O W S Z M U R T T Z R R L L E
C O E O R E E I E M I V O E C
O N L G P X M U U R A L I S S
A S I L S F F U M R A E B T T
T J A B F R A C S O R D O S H
P C I C A S O C K S Z O L O C
E U B G Q C W O N S B E R E Q
N B O D Q E L G U E D D H O P
C I D S B H D S I Q T Z T E A
R F S N O W M A N F W T K X L
J Y H N N G D P Q K M M O E Z
```

BLIZZARD	EARMUFFS	MITTENS	SNOWMAN
BOOTS	FIREPLACE	SCARF	SNOWSUIT
CABIN	FREEZE	SKI	SOCKS
COAT	FROST	SLED	SOUP
COCOA	ICICLE	SNOW	SWEATER

Ocean Animals

```
E S Y A R G N I T S S R K J C
N W E E S U P S N E D E A W L
I I T A R P U E A Q F T S A A
K T H C T P O H C O Z S Q L M
O R Q P O U O N T J S B Z R F
E P A T L R R W G K T O O U T
P P C H S O C T H E A L H S W
I O F E S X D S L C R A B J H
S W O R D F I S H E F N Y S X
T U B Y V F S E A L I O N O M
X U V F Y J G T N K S M Y D R
M T N L W J F L P B H S R I S
W A L A M E L A H W T E D U U
U E R R G L Y M F E N B J Q F
J Z L C N R X H R I L E X S K
```

CLAM	OCTOPUS	SEA TURTLE	STINGRAY
CRAB	OTTER	SHARK	SWORDFISH
DOLPHIN	OYSTER	SPONGE	TUNA
JELLYFISH	SEAHORSE	SQUID	WALRUS
LOBSTER	SEALION	STARFISH	WHALE

Summer Time

```
N A I Z L D K H N V G O Q Q E
N E W R X T L M A F W C Y Z L
Q Y E P M A C Y M T V L N E C
T H S R N F U N F E P A U T I
S T P I C E C R E A M C M X S
D G O Z P S K R O W E R I F P
Q H L M J B N R J B V T E Z O
S Z F X E U E U R J A O N B P
L W P O S O K A S O C H T E M
L F I K T C B Z C X A R I L T
Z G L M O N K V U H T Z D O S
H G F M M T I U S M I W S C F
W W M O P I C N I C O A M E V
V A N F X W N P K F N R L A L
H N N P C U N G K D L P S N I
```

BARBECUE   FUN   OCEAN   SUNSCREEN
BEACH   HAMMOCK   PICNIC   SWIMMING
CAMP   HAT   POPSICLE   SWIMSUIT
FIREWORKS   HOT   SAND   TENT
FLIP FLOPS   ICE CREAM   SUN   VACATION

Sight Words

```
B X Z K P P Z N R E E B Y P A
I R I J R I T D S C C G L W Q
S Y O E S Y A W L A N B J S K
D N T U F X H P I J E P T W R
B T I R G D T A C S T E D B U
Y P O A B H Y H Y Q N O Y Q N
C M B C G D T G E J E P S M E
G M F L U A I U H Y S L P T F
B E C A U S E A T I H E I E O
W A N T K E W L S B W R R N U
B E E N Y E T P C P W U Q X R
D Y O Q K C A O W F T Q O X J
V H E I P E K K O C D W O N K
Z Y L I E W S X I B S A U D O
K B N E N C H P J Q X V B W M
```

AGAIN	BROUGHT	LIKE	SENTENCE
ALWAYS	FOUR	PEOPLE	THEY
BECAUSE	FROM	PICTURE	TOO
BEEN	KNOW	PRETTY	WANT
BLUE	LAUGH	SAID	WRITE

Yummy Veggies

```
Z O Q U Q S X S S X I M N Y C
S U G A R A P S A S O R R R F
R C C D L E E R Q O O E C C R
I A A C W P H K R C L S H H G
L L D F H H A H O E N T S R Y
O L C I N I S F C H P S E P I
C N N Q S U N F A R C E H T C
C C J B M H L I D U N I S O A
O E G G P L A N T B J P T R B
R A L U G U R A E O I C P R B
B S Q U A S H A E N T E Q A A
N O I N O H N E A L P A A C G
F R P Z P S V C S P A G T F E
C W A K G L H L E U I K V O U
S A N R F C T R Y A G Z J U P
```

ARTICHOKE	CARROT	KALE	POTATO
ARUGULA	CELERY	MUSHROOM	RADISH
ASPARAGUS	CORN	ONION	SPINACH
BROCCOLI	EGGPLANT	PEAS	SQUASH
CABBAGE	GREEN BEANS	PEPPER	ZUCCHINI

Pizza Shop

```
U G V K I E M F I V M C Z D R
N T M R F Y S N E E S E E H C
E S H N S C O G S A G G D D K
M P E B M R G D I R H T N H F
S V P I E I W U O L E S X R M
O Q W P E P Y P N U H D E D S
H E P S T O M A T O G T R V A
M E T O P P I N G S T H M O U
P U R N X E B F L U S O R S
K S S O K A I C X A I G E A
R T O H N C C X C W U W N P G
B E E F R E A Q F A C T A P E
U F L F B O U B U I E D M E R
T S U R C O O Z O O S M I P Q
Y P E E R Q X M O S C O K L N
```

BACON
BEEF
BOX
CHEESE
CRUST

CUTTER
DOUGH
MENU
MUSHROOM
ORDERS

OVEN
PAN
PEPPER
PEPPERONI
SAUCE

SAUSAGE
SLICE
TOMATO
TOPPINGS
VEGGIES

Delicious Fruits

```
N Y Y P S Y R R E B W A R T S
Y R A V O C A D O E E E C P Q
B R Z E E O G U S X L N O E F
A E R P G U L B O P P W C A H
N B A E A N A E P B P T O C T
Z R O V B N A A M I A Z N H M
G E A A A K E R A O H Z U U U
P D E N P N C C O U N T T U L
V L A M I R A A Y R R E H C P
Q E B P I W I K L M A N G O V
F E M P B L R C B B P Y L Y B
S W J Q Q K B T O S C S C H T
P D E H V I M H K T A E W X G
T R B D B H B Z J U K O Y N W
H O H X H K P X B F E H T T Y
```

ACAI	BLACKBERRY	GUAVA	ORANGE
APPLE	CHERRY	KIWI	PEACH
APRICOT	COCONUT	LEMON	PINEAPPLE
AVOCADO	ELDERBERRY	LIME	PLUM
BANANA	GRAPE	MANGO	STRAWBERRY

Around the World

```
Z A C J J W Y Z M C E R C N I
H U I C J E F U E G Y P T I I
I A A S K F I O M A N F B G T
T V I R S G D E N M A R K E A
X P U T L U A A R Q T Q R R L
T T X E I X R Y J P V A A I Y
T F B J M G S A B P E I T A T
O C I X E M P Q D I E B A I O
G T G P J A Y N E K L R Q L Z
F E D O N B C B O V Y E U A P
P Z R A G A J U Q L W S I R E
Y I B M N K X Q W V K J C T Q
M B R A A R J R J H I R L S D
V L D E F N D G T F J C M U B
T A P N T T Y R H S W F A M
```

AUSTRALIA	FIJI	KENYA	PERU
BELGIUM	GERMANY	LIBYA	QATAR
CANADA	HAITI	MEXICO	RUSSIA
DENMARK	ITALY	NIGERIA	SERBIA
EGYPT	JAPAN	OMAN	TURKEY

Favorite Foods

```
E O Y S J I Z Y P K Z F F N P
R S H Y N P N M E A E R H O V
B J E J Y U I T B E V I C L P
I Z Z E X R A Z S T A E N E A
A C S K H L X E Z S Z S C M N
Z T E S O C N O C A B O B R C
H A S C T A T E R T O T S E A
U H O A R C Q G B K Q U T T K
A H C N P E Z S I T N R I A E
C O W X M Q A E X G D E M W S
S C R A B S S M U A F G I L J
A G U Q V S N G L N R R Q F E
I E E L C J O A A I Z U T F W
W A F F L E S U H G Q B Z B E
R E T S B O L U P I Z V V K L
```

BACON	CRABS	PASTA	STEAK
BURGER	FRIES	PIZZA	TACOS
CHEESE	ICECREAM	SALAD	TATER TOTS
CHOCOLATE	LOBSTER	SHRIMP	WAFFLE
COOKIES	PANCAKES	SOUP	WATERMELON

Bakery Fun

```
S J M E R C R Q U X S H Q
D B N C R E A O Q N R C E E T
Z C V H T U H K T J E O I T C
A L U T A P S T E F X P K O T
O H U F H Q D A O O I X O J B
K B M U F F I N E P M S O S A
Y S Z H A A B N S M A H C P S
T L I B R E A D U E U S R M N
J J X H O O W P G G G O T N U
V S P V W Y Z Q A G N A O R B
M B E P Q F F I R S F O M U Y
T N T S V V D W Q S P U G S A
S K V I V E O F I S L S D P P
K W G O D R U O L F Z E B D W
L W O B H Y B M E A X C D W B
```

APRON	CAKE	MIXER	SIFT
BOWL	COOKIES	MUFFIN	SPATULA
BREAD	EGGS	OVEN	SPOON
BUNS	FLOUR	PASTRY	SUGAR
BUTTER	MEASURE	PIE	WHISK

In the Neighborhood

```
P F P B L Y Q E N T B G T L Z
Y O A H R O R D H X R T R I M
S N L E A O O E N O Z N A B U
K H K I T R A H C G F A I R E
P A O S C T M E C G A R N A S
B O T P E E R A F S E U S R U
Y E H R S Y S X C Z U A T Y M
P N G S S C G T X Y A T A S E
A V W T E X J L A I E S T A Y
X K O O G E W G C T P E I L K
I R C E W M F N R N I R O O Z
E H C R U H C F O G O O N N T
H O S P I T A L O H Y H N K A
H O T E L W H G G C F J W A L
K T Q C D N U O R G Y A L P F
```

BAKERY	HOSPITAL	PHARMACY	SCHOOL
BANK	HOTEL	PLAYGROUND	SHOPS
CHURCH	LIBRARY	POLICE STATION	THEATER
COFFEE SHOP	MUSEUM	RESTAURANT	TRAIN STATION
GROCERY STORE	PET STORE	SALON	ZOO

Bugs and Insects

```
G F G P U V D K P D T B T C L
D U L R N X L J R S E U E F C
L V B E A E H A T S K T R I I
F I H K A S G F P Q C T M U G
L R A S C O S I R Z I E I E Z
E E B N N I D H F P R R T E R
L O P F S E T L O A C F E V L
A L L S R O Y S S P T L B A X
R Y F I R E F L Y W P Y C G Q
C A T E R P I L L A R E U M A
U V H C A O R K C O C B R R N
M S F P M O T H V U Y Z A O T
B O S U O S C X F D Z Z K W I
B A Q Y L R B I A U O Y F V N
W A F J M Q E L T E E B C S V
```

ANT	COCKROACH	FLY	SPIDER
BEE	CRICKET	GRASSHOPPER	STICKBUG
BEETLE	DRAGONFLY	LADYBUG	TERMITE
BUTTERFLY	FIREFLY	MOTH	WASP
CATERPILLAR	FLEA	SNAIL	WORM

Emotions

```
D D P W K A A J S W G Y G L L
E D E X O C N U T N E T N O C
S A A D V R R G P U A O V J S
S S C S N P R L R E N E P E U
E C E I R E U I X Y N H X A H
R I A I Y F F C E A O M T B I
T M S B T O I F J D Y R Y R D
S E A B S T J G O O E Y G E Q
D P U U E H A P P Y D M S D T
K O K D T S O L Y G Z U F S F
D C O N F U S E D L M N Y I E
R O B J P F F Y C A E A A C I
D E B R U T S I D C X N A K L
R E P O J R Q J U G T Q O F E
M Q P V O W L S R M G Q D L R
```

AMUSED	DISTURBED	LONELY	RELIEF
ANGRY	DOUBTFUL	LOST	SAD
ANNOYED	EXCITED	LOVE	STRESSED
CONFUSED	HAPPY	OFFENDED	SURPRISED
CONTENT	JOY	PEACE	WORRIED

In the Spring

```
Y B E E B S S C Y R G X R Y P
Q E R R Z T B Q I J U D W P T
Y S C E U K G Q D H B W V M O
G N B O E S S A R G Y L W X O
O E R L K Z F D A G D I F C B
B P I C U F E T S L A R F B L
S U I S O B U E Q R L P R P A
D H T D H L I Z C S E A O D R
C M I T I C U B K U M W G R R
E L P P E H C B M N P R O E H
S H O W E R S L V S I P A L N
W I N D Y J F N L H C Z A I F
I N E K L O E L H I N S S H N
L L A B E S A B Y N I P M R B
S C C F T D N F Z E C U C Y I
```

APRIL	BUTTERFLY	GRASS	SHOWERS
BASEBALL	CHICK	LADYBUG	SPROUTS
BEE	DAFFODIL	NEST	SUNSHINE
BREEZE	FLOWERS	PICNIC	TULIP
BULBS	FROG	RAIN	WINDY

Hobbies

```
G B I K I N G S V Z P V J Q G
N M O N S N O A I O U G J B N
I M O L A C G K T A Z L V N I
K S N V C F I N O S Z F B C T
I X A E I S O T I R L M I R N
H D R A E E F O S H E Z M A I
E X E R C I S E T A S G D F A
L L A B T E K S A B N I M T P
G N I D A E R G C I A M F S V
Y E K C O H N O G E G L Y Q T
X H M V C I O G E T O Y L G Y
I I F L W K O D R C Y E G A P
O Z O E I L G A Z R N Q R V D
M P S N B V X B K A T A Q R S
M J G C X W K O W A Z S D W X
```

ART	CRAFTS	GYMNASTICS	PUZZLES
BASKETBALL	DANCE	HIKING	READING
BIKING	EXERCISE	HOCKEY	SEWING
BLOGGING	FISHING	MOVIES	SOCCER
COOKING	FOOTBALL	PAINTING	YOGA

Fire Safety

```
B E R Y N Y M X K C W L B D T
F I V X R D T C B O E A L E A
C T Q A E W U E T S D S M K O
R A U R C R A Z F G W L O A C
R Z I B T U E T E A E R W H U
R F W E C M A X E H S E A V H
E Y R T T N Z T I R V G L J Y
J I R E D D A L E T U N A O D
F B O O T S C B U R N A R S R
T H D E U A E Z A L B D M H A
X F O G U C C B V K I D Q C N
A W G T A O B Q J Y D B I K T
T N I L W E X P X X O D T E T
B O V R Z I E M E R G E N C Y
N K W U V J D X A K K J K L Y
```

ALARM	CAUTION	EVACUATE	HOSE
BADGE	COAT	EXIT	HYDRANT
BLAZE	DANGER	FIRE	LADDER
BOOTS	DOG	FIRE TRUCK	SAFETY
BURN	EMERGENCY	HELMET	WATER

Toys

```
Y P L N K S K I L H C E H N O
O L O V L E R C U E S L E I E
Y P R I L E A W U R G W L A E
O V N L T L P Y O R R O I R B
U K A O H A K H A P T O C T S
Y B O A R D G A M E S O O L I
A C M B M N S H D O L L P E R
S F I B I B C D O Z N R T O F
Q K K K R Z Y M Z D Y E E G B
E Y C M P B E T I K Y U R Y L
Z O Z L E S R A C E C A R X O
R L T A K I T C H E N C L I C
G E R N O G A W G U O O J P K
T R P S T T D Z S B D O J Z S
W A H S J N V Y D Z O Y B Y S
```

BALL   FRISBEE   PLAY-DOH   TEDDY BEAR
BIKE   HELICOPTER   RACE CARS   TRAIN
BLOCKS   KITCHEN   ROCKING HORSE   TRUCK
BOARD GAMES   KITE   SCOOTER   WAGON
DOLL   LEGO   SLINKY   YO-YO

The Human Body

```
W W Z G O N F K E N Q F I J D
O X O Z Q I K L N S F A X N W
I Q I B N L E V U O N V H U K
D O W G L V E J O N O L H B I
C H E S T E H T Y K S E U G A
L R T F Y Y C B E L E G C O A
I S N C I A S E O T R P D C J
D N A H V U T J A W D G T M X
J O G E K N O A F A I P Y J T
X B S E R Q M Z R E I I R F T
S D M N B I A W S M Y G K S W
K E V K L E C P F I W E I C O
D C K E E T H T U O M A S J Z
J K E A Y R E M H C W S J T F
S H R N H A I R E Y I H R V P
```

ARM	EYES	HEEL	NECK
CHEEK	FINGER	JAW	NOSE
CHEST	FOOT	KNEE	STOMACH
EAR	HAIR	LEG	TOE
ELBOW	HAND	MOUTH	WAIST

Occupations

```
N R D D H L C T R N C E T S S
A O O B E L A E E A T S F C E
I T P S E N E W S R I Z I T B
C I O R S N T H Y M M E E E A
I N K L I E I I E N T G A R
S A Z G I E F H S T R H D C B
U J N X R P C O I T R E U H E
M E S R U N M S R U G R J E R
K T S I L Y T S H P U A M R K
M E C H A N I C K I C P V S B
G Q D O C T O R M D D I Z V H
K K I U Y R Z W A T E S F I Y
R O T C E P S N I I V T S K G
C U V J D B H M I B R L G Z Y
S Q M V F T M Z N Z R Y E R Y
```

BARBER	DOCTOR	LAWYER	PROFESSOR
CASHIER	ENGINEER	MECHANIC	SCIENTIST
CHEMIST	INSPECTOR	MUSICIAN	STYLIST
CLERK	JANITOR	NURSE	TEACHER
DENTIST	JUDGE	PILOT	THERAPIST

Transportation

```
A U C U E P H S X M M K C I V
P Y O L V N C X O Q C C A P E
P K Z G Y O I T W U I U R P C
S S B T O A O G R N U R R Q N
Y L S T F R W T N Y C T I B A
A F E B C O P B D E D V A N L
F R U Y N M R X U I E M G A U
P X C I U B I K E S S R E V B
Q L A D A I R P L A N E I S M
E R O T C A R T S I K W B F A
T R A C L V N H A U F I O T X
K L F J Y N I M L X B T A K I
T V T X L P Q U P D I L T W G
V S O V E M Y C O D S Q S T X
R E T P O C I L E H D C G S Y
```

AIRPLANE	CAR	HELICOPTER	TAXI
AMBULANCE	CARRIAGE	MOTORCYCLE	TRACTOR
BIKE	DUMP TRUCK	SCOOTER	TRAIN
BOAT	FIRE ENGINE	SHIP	TRUCK
BUS	FORKLIFT	SUBWAY	VAN

At the Beach

```
S H S Y U S T U R L P B E Z K
V U V R E P M R L A E A E N G
M I N V E B K U I Z P L R N S
Q V A G R P G L J P S L T V A
G W X E L A P N U S U S M F W
T O L M E A J I T J R N L R K
C L G S E G S G L D F O A E M
A G T G M S G S X F B R P F E
Z K T F L P A R E T O K W R S
C H A I R E L N B S A E K U J
Y L I M A F S E D V R L N S Z
K C O L B N U S V J D S P E C
S A N D A L S Z K O E B R V J
V L I O L O S Q V T H T D H Z
A I Y V I A L T M D M S X R W
```

BALL PAIL SHOVEL SUNSET
CHAIR PALM TREE SNORKEL SURFBOARD
FAMILY SAND SUN SURFER
FLIPPERS SANDALS SUNBLOCK UMBRELLA
GOGGLES SEAGULL SUNGLASSES WAVES

On the Farm

```
S P I V N H H I P Q C R D B I
S T K R O R V N F U E F R A I
F W A R O R O E K M I I A R P
V O S B Q T O C R Q X E H N S
G E W U L L C A G I P L C S S
C R O W I E F A C E R D R V J
T U C S V E A L R A U Z O E X
U C Q N P G X W H T C V B Y Q
D M U C G A A D A Z H A Y W M
Q I G H C O Q K G K Y F L X T
R V B R U B A F J L V O I T L
K P E T M N V T X I B B A Q K
C A T T L E A Z P M N C R X J
R W H Y A Q Q V S X K E J X Z
C L K U A U C S Y E N O H W Y
```

ACRE	COW	HAY	ORCHARD
BARN	CROW	HEN	PIG
CAT	FARMER	HONEY	SILO
CATTLE	FIELD	HORSE	STABLE
CORN	GOAT	MILK	TRACTOR